그래서 인연입니다

김현준 지음

효림

그래서 인연입니다

지은이 김현준
펴낸이 김연지
펴낸곳 효림출판사
편 집 강효재

초 판 1쇄 펴낸날 2025년 12월 23일

등록일 1992년 1월 13일 (제2-1305호)
주 소 서울특별시 서초구 반포대로14길 30, 907호 (서초동, 센츄리Ⅰ)
전 화 02-582-6612, 587-6612
팩 스 02-586-9078
이메일 hyorim@nate.com

ⓒ 효림출판사 2025
ISBN 979-11-94961-06-2 (03220)

값 5,000원

책을 펴내며

『인연법』이라는 책을 낸 지도 어느덧 십수 년. 갑자기 닥친 사건이 평온하던 인연을 휘저어 놓았기에, 마음을 정리할 겸 '인연에 관한 글을 써보자' 하면서 짬짬이 「법공양」에 연재를 하여, 조그마한 책 하나를 내게 되었다.

우리나라 사람들이 가장 즐겨 쓰는 단어 중 하나인 인연因緣!

불교에서는 우리들 삶의 전 과정을 한마디로 요약하여 '인연'이라고 한다.

내가 이 나라에 태어나, 어떤 부모와 배우자와 자녀를 만나서, 지금 받고 누리고 있는 모든 것들이 인연에 의해 이루어졌다는 것이다.

이 인연因緣은 인因·연緣·업業·과果의 줄인 말이다. 인因은 '나'요, 연緣은 나를 둘러싸고 있는 환경이며, 업業은 인인 내가 연과의 관계 속에서 마음과

입과 몸으로 짓는 생각과 말과 행동이며, 과果는 지은 업에 따른 과보이다.

그런데 인연법은 이 '인·연·업·과'의 네 글자가 순서 따라 단순하게 전개되지 않는다는 사실에 주의를 기울여야 한다. '우리의 마음가짐(因)인 환경(緣)을 만나 갖가지 업業 을 짓고 과보(果)를 받는다'는 식의 일직선적인 논리로 전개되는 것이 아니라 매우 복합적으로 전개되고 있다.

'지금 이 자리'를 놓고 볼 때, 시시각각 우리에게로 다가오는 '지금 이 자리'는 언제나 과보의 순간이면서 새로운 인因(씨)을 심는 자리이다. 동시에 이 자리는 또 다른 인의 연緣(환경)이 되기도 하고 새로운 업業을 맺는 순간이 되기도 한다. 곧 지금 이 자리가 바로 '인·연·업·과'의 네 가지를 동시에 맺고 풀고 가꾸고 이루는 자리라는 것이다.

그러므로 지금 이 자리에서 인연법을 분명히 알고 잘 풀어나가게 되면 누구나 원만하고 평화롭게 살

그래서 인연입니다

수 있을 뿐 아니라 대행복을 누릴 수 있게 된다.

동시에 나와 내 주변은 지금의 내가 어떻게 하느냐에 따라 얼마든지 새롭게 바뀌고 좋아질 수가 있다.

이 '인연' 하나만 잘 이해하고 체득하면 누구나 다 복되고 자재롭게 살 수가 있다. 인연이니까 얼마든지 바뀌고 좋아질 수가 있다.

그래서 책 제목을 '인연이니까'라고 해보았는데, 불교와 음악을 동시에 전공한 큰딸이 『그래서 인연입니다』가 더 좋겠다고 하였다. 과연 인연의 긍정적인 의미를 더 많이 품고 있어 좋았다.

이 부족한 글을 통하여, 우리의 삶에 있어서 참으로 소중한 인연법의 도리를 깨달아서 지혜와 자비와 평화와 해탈을 증득하시기를 축원드리고, 조그마한 공덕이라도 있다면 손녀 희윤이를 비롯한 우리 가족과 법계 중생의 안정되고 행복한 삶에로 회향하옵니다.

불기 2569년 12월 1일
김현준 합장

차 례

제 1 장
인연이니까

인연의 주체는 자아(나)이다.
그 '자아'가 인연의 주체이다.
그 '나'가 나의 이익, 나의 사랑에 빠져서
남을 무시하고 해치고 손해를 보임으로써
악연을 만들게 되고,
그 '나'가 나와 남을 함께 생각하고
남을 위하는 행동을 하여
좋은 인연을 만들어내게 된다.
'나를 어떻게 다스리느냐'에 따라
다가오는 인연도 다른 모습을 띨 수 있다.
선연이냐? 악연이냐? 이것은
'나 하기에 달려 있다'는 것을 일깨우고 있다.

인연을 중요시했던 우리 민족

"인연이야!"

"인연이 아닌 게지…."

"인연이 닿지 않은 거야."

일이 잘 풀리지 않을 때, 무언가가 바라는 것과는 달리 성사되지 않았을 때 체념을 섞어 흔히들 하는 말이다. 인간의 좌절을 인연으로 풀고자 한 것이다.

나아가 우리의 조상들은 인간 고뇌의 심연을 인연으로 풀면서 속으로 삭였다.

그 옛날 우리의 할머니들은 사위에게 아무런 사

연도 까닭도 없이 질펀하게 맞고 피멍을 안은 채 친정으로 돌아온 딸에게, '네 인연이 그러한 것'임을 강조하면서 눈물을 지었다. 사위가 밉고 칠거지악七去之惡의 인습이 원망스러워서가 아니라, 딸의 인연이 가련하고 측은하여 눈물지었던 것이다.

딸은 '팔자'를 탓했지만, 어머니는 굳이 인연이라고 하였다. 딸의 '팔자'가 비관이라면 어머니의 '인연'은 긍정이다. 곧, 받으면서 살라는 긍정이 담겨 있는 것이다.

불의의 사고로 자식을 잃은 부모 또한 이 세상과의 '인연이 다하여 다른 세상으로 간 것'이라 여기면서 마음을 달랬다. 하늘을 탓하거나 남을 원망하는 것이 죽은 자식의 영혼길에 조그마한 장애나 되지 않을까 우려하며, 굳이 인연으로 돌리려 하였던 것이다.

'인연을 따라' 내세來世에서만이라도 잘살기를 비는 부모의 마음속에 어찌 피눈물이 고이지 않았겠는가?

모든 인고忍苦를 인연으로 돌리고 순종하며 살았던 우리의 조상들….

뿐만 아니다. 지극히 좋은 일, 피나는 노력 끝에 이루어진 일일지라도 나의 노력과 행운으로 표현하지 않았다. '하늘이 도왔을 뿐'이요 '인연이 닿았을 뿐'이라고 하였다.

'겸손도 지나친 겸손'이라 평할 수도 있겠지만, 바로 이와 같은 마음가짐으로 성취 뒤에 따르는 교만과 방종을 막았던 것이다.

'소맷자락만 스쳐도 인연.'

한번 정해진 배필이면 좋든 싫든 무조건 '천생연분天生緣分'.

만약 이와 같은 인연관因緣觀이 없었다면 우리 민족의 특성인 순종과 끈기, 은근과 근면, 낙천과 소박은 정착되지 못하였을지도 모른다. 가난과 역경과 불행의 삶을 인연으로 약화시키거나 완충시키지 못한 채 액면 그대로, 또는 욕망에 순응하면서 살아왔다면, 우리는 혼란과 파탄과 무질서와 광란의 민족이 되었을지도 모른다.

불행과 교만에 대한 정신적 완충제가 되었던 '인연'으로 욕망과 굴욕을 이겨내었기에, 우리는 정직과 인정과 의리의 민족으로 되살아날 수 있었던 것이다.

그런데 지금은 어떠한가? 인연을 소중히 하는 풍조가 갈수록 사라지고 있다. 오로지 '나'를 위한 삶, '나'의 성취를 위한 삶, '우리'만의 행복을 위한 생존이 넘쳐나고 있다.

이것이 오늘날의 초대형 사고를 불러일으키고

있다. 기상이변으로 인한 폭우·가뭄·산불 등의 각종 자연 재난들, 건물의 붕괴와 도로의 땅 꺼짐들까지….

모두가 인연을 소중히 하지 않고 '나'의 일과 '나'만의 사랑을 고집하기 때문에 이 사회 곳곳에서 일찍이 접하지 못하였던 재난과 사고들이 일어나고 있는 것이다.

도대체 이 세상이 어쩌다가 이렇게 된 것일까? 어찌 '나'는 소중히 하면서 '너'는 무시하고, 어찌 '우리'는 배불러야 하는데 '너희'는 죽어도 좋다는 것이며, 인간을 위해 자연을 망쳐도 된다고 하는가?

일찍이 부처님께서는 이 세상의 구조를 '인因과 연緣이 합해져서 일어나는 세상'이라 하여 **인연소기因緣所起**라고 하셨다. 또 '인과 연이 흩어지면 사라지는 세상'이라 하여 인연소멸因緣所滅이라

하셨다. 이 인연소기를 줄여서 연기緣起라 하고, 인연소멸을 줄여서 연멸緣滅이라 한다.

또 부처님께서는 연기를 달리 의타기依他起라고 표현하셨다. '다른 것과 서로 의지하여 일어난다'는 뜻이다.

그런데 '다른 것'은 무시하고 '나의 것'만을 소중히 하거나, '남'은 무시하고 '나'만 홀로 서려고 하면 어떻게 될까? 결국은 내가 붕괴될 수밖에 없다.

그러므로 우리 자신을 위해서라도 '인연을 소중히' 하는 마음을 회복해 가져야 한다.

'인연을 소중히 한다'는 것은 곧 '나'를 살리는 길인 동시에 '남'을 살리는 길이다. 인연을 소중히 할 때 우리 모두가 살아난다.

이러한 의미에서 앞으로 우리가 항상 맞이하고 있고 잘 가꾸어야 할 인연에 대해 보다 깊이 있게 이야기를 해 보고자 한다.

인연의 주체는 '나'

  사람이 일평생 동안 겪는 괴로움의 원인을 유심히 살펴보면 크게 두 가지로 나누어진다. 그 두 가지는 바로 **사람과 물질**이다.

  그런데 이 둘 중에서도 우리를 더욱 힘들게 하는 것은 사람이다.

  '나'와 잘 맞고 조화를 이루는 순연順緣의 사람.
'나'와는 도무지 맞지 않고 불협화음만 생기는 악연惡緣의 사람.

  이러한 순연과 악연의 사람들 때문에 우리는 한

평생을 괴로워하며 살아간다. 악연의 사람은 대하기 싫지만 계속 나타나게 되고, 순연의 사람은 언제나 함께하고 싶지만 뜻하지 않게 헤어지고 만다.

바람 따라 날리는 낙엽처럼, 인연의 모임과 흩어짐은 뜻대로 되지 않는다. 또한 처음에는 좋은 인연이라 믿었던 것이 나쁜 인연으로 바뀌기도 하고, 처음에는 나쁜 인연이었던 것이 시간이 흐름에 따라 좋은 인연으로 바뀌기도 한다.

그렇다면 이와 같은 순연과 악연, 그리고 그 변화는 어디에서 비롯된 것일까?

부처님께서는 '업業'이라고 하셨다. '우리가 지은 바인 업 때문'이라고 하셨다. 행동으로 말로 생각으로 지은 갖가지 업이, 일어날 수 있는 환경을 만나 괴로움으로 즐거움으로 다가온다는 것이다.

나아가 그 업의 밑바닥에는 깊은 자의식自意識, 곧 자아自我(나)가 잠재되어 있다고 하셨다.

바로 그 '자아'가 인연의 주체이다. 그 '나'가 나의 이익, 나의 사랑에 빠져서 남을 무시하고 해치고 손해를 보임으로써 악연을 만들게 되고, 그 '나'가 나와 남을 함께 생각하고 남을 위하는 행동을 하여 좋은 인연을 만들어내게 된다는 것이다.

부처님의 이와 같은 가르침은 '나를 어떻게 다스리느냐'에 따라 다가오는 인연도 다른 모습을 띨 수 있다는 것을 깨우쳐 주고 있다. 선연이냐? 악연이냐? 이것은 '나 하기에 달려 있다'는 것을 일깨우고 있다.

가만히 우리 주위를 둘러보라.

이 세상에는 절대적인 선연도 절대적인 악연도 없다. 무상법無常法에 속하는 것이 인연의 모습이기에, 얼마든지 변화를 할 수가 있다.

인연이기 때문에 바꿀 수 있는 것이요, 인연이기 때문에 달라질 수 있는 것이다.

그러므로 우리는 노력해야 한다. 좋은 인연을 가꾸고자 노력해야 한다. 좋은 인연을 위해 자신을 죽이라는 말이 아니다. 옛날 우리 선조들이 했던 것처럼 무조건 참자는 것도 아니다. '나'에게 다가온 인연에 너무 집착하지 말고, 낙천적인 마음으로 여유롭게 인연을 가꾸자는 것이다.

자리이타自利利他! 우리는 나도 이롭게 하고 남도 이롭게 하는 생각과 말과 행동을 하면서 살아가야 한다.

자리이타! 이 말을 늘 새기고 살면 나도 이롭고 남도 이롭게 하는 인연을, 참으로 기쁘고 복된 삶을 만들고 누리며 살아갈 수가 있는 것이다.

나무마하반야바라밀.

제 2 장
인연 가꾸기

우리는 좋은 인연에는 그다지 신경을 쓰지 않는다.
좋은 인연이기 때문에 서로가 서로에게 잘해주고,
좋은 인연이기 때문에
능히 이해를 할 수 있다고 생각한다.
그러나 좋은 인연이 삐걱거리게 되면
더 큰 문제들이 생겨난다.
진정 '좋은 인연'이 계속되기를 원한다면
어떻게 해야 하는가?
서로를 살려야 한다.
애정만으로 사는 것이 아니라,
밝고 바른 삶으로
가족 모두가 정신적인 향상을 이루고,
나와 남을 함께 위하는
자리이타自利利他의 마음가짐으로 살아가야 한다.

좋은 인연을 더욱 소중히

   시시각각으로 다가오고 있는 갖가지 인연들. 그 인연들 속에서 앞날의 내가 불행해지고 행복해지는 초점은 무엇인가? 나도 이롭게 하고 남도 이롭게 할 수 있는 초점은 무엇인가?

   그것은 인연의 주체인 '내'가 지금 이 자리에서 '어떻게 그 인연들을 가꾸며 살아가느냐'에 달려 있다.

   이에 대해 좋은 인연[善緣]·나쁜 인연[惡緣]의 둘로 나누어서 함께 살펴보도록 하자.

우리는 좋은 인연에는 그다지 신경을 쓰지 않는다. 좋은 인연이기 때문에 서로가 서로에게 잘해주고, 좋은 인연이기 때문에 능히 이해를 할 수 있다고 생각한다.

그러나 좋은 인연이 삐걱거리게 되면 더 큰 문제들이 생겨난다. 왜냐하면 편안하고 좋은 인연이기 때문에 당연히 기울여야 할 예의나 주의를 기울이지 않고 마음대로 하기 때문이다.

한평생 정을 나누며 사는 부부, 내가 낳고 기른 자식, 연인 사이, 그리고 가까운 친구!

그들은 깊은 인연으로 만난 소중한 존재들이다. 따라서 당연히 서로를 이해하고 양보하고 희생하면서 살아가야 한다.

그렇다고 무조건 잘해주기만 하는 것이 좋은 인연을 오래도록 유지하는 방법은 아니다. 나쁜 일에 서로가 동조하고, '나'밖에 모르는 이기심체

己心과 '우리'의 영역을 고집하는 성을 쌓아서는 안 된다.

'우리'라는 울타리를 치고 우리만 잘살겠다고 하다 보면, 결국 우리의 그릇된 업業만을 키우게 되어서, '우리' 모두를 죄악의 수렁 속으로 빠져들게 하고 만다.

진정 '좋은 인연'이 계속되기를 원한다면 어떻게 해야 하는가?

서로를 살려야 한다. 애정만으로 사는 것이 아니라, 밝고 바른 삶으로 가족 모두가 정신적인 향상을 이루고, 나와 남을 함께 위하는 자리이타自利利他의 마음가짐으로 살아가야 한다.

자식을 너무나 사랑하는 부모가 그 사랑 때문에, 자식이 원하는 모든 것을 다 해주면서 이기적으로 키웠다고 하자.

베풀 줄 모르고, 지킬 줄 모르고, 참을 줄도 모르는 그 아이는 사회에 적응하지도 못하고 남을 배려하지도 않는다. 아니, 배려는커녕 제 자신도 구제하지 못하는 무기력한 존재로 전락하고 만다.

이것을 어찌 부모의 사랑이라 할 수 있을 것이며, 자식을 어찌 좋은 인연으로 나아가게 한다고 할 수 있으랴?

진정으로 자식을 사랑하고 좋은 인연이 유지되기를 원한다면, 우리의 자식들에게 깊은 사랑과 함께 '베풀고 지키고 참을 줄 아는 능력'을 길러 주어야 한다.

한 가지 더 새겨야 할 사항은 '인연에는 흩어지고 모이는 속성이 있다'는 것이다.

아무리 사랑하는 부부요 부모자식 사이라 할지라도, 현세의 인연이 다하면 헤어져야 한다. 그렇지만 현세에서 헤어지는 것으로 끝나는 것이 아니다. 현세에서 맺은 인연이 새로운 씨〔因〕가 되어서 새로운 인연을 탄생시킨다.

그러므로 지금 이 자리가 중요하다. 지금 이 자리에서 밝고 바른 마음으로 지금의 인연을 잘 가꾸어야 한다. 진정으로 서로를 살리는 일에 마음을 기울이고 노력해 나가야 하는 것이다.

그리고 서로 좋아야 할 사람들 사이에 감정상의 문제가 발생하거나 한쪽이 애를 먹이는 일이 생기게 되면, 평소 때보다 생각을 더 곧고 깊게 가지고 대처해야 한다.

"어쩌면 저다지도 내 속을 썩일까? 아유, 내가 못살지, 못살아!"

이렇게 자기 속을 끓일 것이 아니라 긍정적으로 풀어나가야 한다.

"이제 또 하나의 업을 녹일 기회가 찾아왔구나.

내 마땅히 지금의 업을 기꺼이 받아들이리라. 그리고 중심을 잘 잡고 참회하면서 더욱 좋은 인연을 이루어내리라."

결코 쉽지는 않겠지만, 이렇게 생각하게 되면 좋은 인연의 뿌리가 더욱 굳건하게 자리를 잡게 되느니만큼, 마음을 잘 다스려서 길이길이 좋은 인연과 함께하는 삶을 가꾸어 낼 수가 있다.

('인연과 업을 기꺼이 받아들이는 것'에 대해서는 제6장에서 보다 깊이 있게 살펴보기로 한다.)

좋은 인연을 가꾸는 멈추기

　이제 좋은 인연을 가꾸는 쉬운 방법 하나를 소개하련다.

　좋은 인연을 가꾸는 방법으로는 참회 등 여러 가지가 있지만, 참으로 쉽고 효과가 큰 방법은 '멈추기'이다.

　인정이 차츰 메말라 이기적이 되고 있는 현대사회를 사는 우리는 인간관계에 마음을 잘 써야 한다. 특히 가깝고 사랑하는 사람과의 인연을 잘 가꾸어야 한다.

인연因緣. 인연이 무엇인가? 거듭 이야기하지만, 인因은 근본이요, 연緣은 인을 감싸는 환경이다. 인은 씨, 곧 '나'의 마음씨요, 연은 씨와 함께 하는 환경, 곧 '나'를 받아들여 주는 상대방의 모든 것이다.

나의 입장에서 볼 때는 내가 씨요, 상대가 환경이지만, 상대방의 입장에서 볼 때는 내가 환경이요 그 사람이 씨앗이다.

곧 서로서로가 인이 되고 연이 되어 의지하고 떠받치면서 존립하는 것이 인간관계이다. 서로가 씨가 되고 환경이 되어 싹을 틔우고 잘 가꾸어야만 행복의 결실을 볼 수 있는 것이 인간관계이다.

바꾸어 말하면, 서로의 인因인 마음씨와 마음가짐에 의해 좋게도 되고 나쁘게도 되는 것이 인간관계요, '어떠한 마음씨를 가지고 유지해 왔느냐'에 따라 과보를 받게 되는 것이 인간관계인 것이다.

실로 인간관계에 있어 서로가 서로를 살리는 인연을 유지하는 방법은 매우 간단하다. **마음을 잘 쓰는 것이다.**

서로가 자기중심적인 자세를 버리고 상대를 위해 좋은 연緣(환경)이 되고자 하면 된다. 이것을 불교에서는 '수연隨緣'이라고 한다.

만약 자존심이 강하여 나를 꺾지 못한다 할지라도, 상대가 나의 뜻대로 움직여주기를 바라거나 순종하기를 바라서는 안 된다. 자비심을 기르는 불자라면 인연이 깊은 사람들과 사소한 자존심 싸움은 하지 않아야 한다.

상대가 나의 자존심을 건드리거나 마음에 들지 않게 말하고 행동하여 감정이 상할지라도, 상대를 부정하거나 싫어하여서는 안 된다.

싫어하고 부정하면 서로 간에 쌓여 있던 좋지 않은 업력業力에 가속도가 붙게 되고, 가속도가 붙게 되면 문제 해결은커녕 사태가 걷잡을 수 없이 전개된다.

　이와같이, 좋던 인연에 문제가 생길 때는 어떻게 해야 하는가?

　무엇보다 먼저 동요되고 있는 나의 마음 상태를 조용히 지켜보고 바라보아야 한다.

　내 마음속에서 일어나고 있는 탐욕을 바라보라. 내 마음속에서 일어나고 있는 분노를 바라보라. 내 마음속에서 일어나고 있는 교만과 의심과 고집을 지켜보라.

　지켜보고 바라보면 멈추고 가라앉는다. 탐욕도 분노도 교만도 의심도 고집도 다 가라앉는다.

　탐욕과 분노와 의심 등에 대해 이기적인 나의 충동력을 따라가지 않고, 나의 모든 판단을 멈추면서 탐욕과 분노가 일어나고 있음을 바라보고 지켜보는 바로 그 순간, 탐욕·분노·교만·의심·고집 등이 사라지면서, 사랑과 화합과 용서와 참회의 자리가 마련된다.

이렇게 하여 나의 자기중심적인 충동과 판단을 모두 중지시킨 다음에는, 상대에 대한 바람이나 추측들 또한 모두 놓아버려야 한다.

상대에 대한 바람이나 추측을 나 속에서 비워버리면 상대를 있는 그대로의 모습으로 받아들일 수 있게 되고, 상대를 이해하며 받아들이면 가속도가 붙으려던 업業의 흐름이 정지된다. 그리고 업의 흐름이 멈추게 되면 업의 장애도 함께 소멸되면서 늘 좋은 인연을 유지할 수 있게 되는 것이다.

귀중한 이들과의 좋은 인연을 위해 이 '멈추기'를 잘 활용해 보기 바란다.

나쁜 인연을 푸는 방법

"나는 나쁜 인연〔惡緣〕속에서 살고 있다."

주위를 둘러보면 뜻밖에도 이렇게 생각하며 사는 사람들이 많다. 그 까닭이 무엇일까?

나에게 기쁨과 평화로움을 안겨주는 좋은 인연과는 달리, 나쁜 인연은 나의 마음에 깊은 고통과 시련의 늪을 만들어내기 때문이다. 그리고 그 나쁜 인연 속에서 불안 속으로 깊이깊이 빠져들 뿐 아니라, 상대를 미워하고 원망하고 저주하기까지 한다.

이러한 나쁜 인연이 찾아들면 어떻게 해야 하는가?

먼저 스스로를 되돌아보아야 한다.

되돌아보아야 할 첫 번째는 '나 자신이 얼마나 이기적인가?' 하는 것이다.

모든 악연은 '나'만을 생각하는 이기적인 마음이 만들어내는 것이기 때문에, 자기가 이기적으로 살아왔다는 것을 분명하게 자각하게 되면, 나쁜 인연이 찾아드는 것을 당연하게 받아들일 수가 있고 개선할 수가 있다.

두 번째는 평소에 말과 행동으로 남의 자존심을 건드리거나 남의 가슴에 못을 박지는 않았는지를 되돌아보아야 한다. 남의 자존심을 건드리고 남의 가슴에 상처를 주어 원결을 맺으면, 반드시 좋지 않은 인연으로 되돌아오기 때문이다.

그리고 자기가 별로 이기적이지도 않고 남에게

나쁜 인연을 푸는 방법

상처를 주지도 않았다고 느낀다면 '전생의 업'으로 지금의 악연을 풀어나가야 한다.

"지금은 감지할 수 없는 그 어느 세월에 상대방에게 피해를 입힌 것이 나에게로 되돌아왔으니 기꺼이 받아들이자."

이렇게 긍정적으로 악연을 받아들일 줄 알아야 한다.

우리는 명심해야 한다. 나쁜 인연을 만난 그때가 '나'를 향상시키는 때임을!

그런데 사람들은 악연의 원인을 오히려 상대방에게 돌리고, 악연의 책임을 상대방에게 뒤집어씌우는 경우가 많다. 자기의 잘못은 잊어버린 채, 지금 당장 나타나고 있는 상대의 잘못만을 가슴에 품기 때문이다.

악연 속에서 품는 악심! 그렇게 되면 나쁜 인연은 더 깊어지게 된다.

또 악연을 만나게 되면 무조건 도피하고 자기만의 성城 속에 들어앉아 버리는 사람이 있다.

"흥, 만나지 않으면 그만이지 뭐."

"하지 않으면 될 것 아니야."

이러한 마음가짐과 회피로는 절대로 악연이 풀어지지 않는다.

❁

현대의 고승이셨던 금오金烏(1896~1968) 스님은 손수 정진에 모범을 보이면서 무서울 정도로 대중을 경책하셨을 뿐 아니라, 대중들에게 늘 마음을 세밀하게 썼다.

어느 날 우체부가 배달한 소포를 받고, 누군가가 소포를 싼 끈을 가위로 끊으려고 하자 금오 스님은 말씀하셨다.

"끊지 말고 풀어라. 그렇게 툭 끊는 것이 버릇되면 마음도 그렇게 바뀐다. 맺힌 매듭은 풀어야

나쁜 인연을 푸는 방법

하느니라."

§

악연은 '맺힘'에서 비롯된 것이다. 따라서 악연을 풀고자 하면 그 맺힌 매듭을 풀어야 한다. 끊는 것으로는 해결이 되지 않는다. 도피하고 회피하는 것으로는 결코 나쁜 인연을 풀 수도 물리칠 수도 없다.

그러므로 쉽사리 떨쳐내어 버릴 수 없는 악연을 만날 때일수록, 더욱 마음을 가다듬어서 참회하고 노력하여 악연을 녹여버려야 한다.

그렇다면 어떻게 마음을 가다듬어야 하고, 어떤 노력을 기울여야 하는 것인가?

먼저 "지금 다가온 나쁜 인연에 대한 책임이 나에게도 있다."고 긍정할 줄 알아야 한다.

너와 나의 인연은 만남에서 시작되고, 그 만남

후의 과정이 잘못되면 나쁜 인연으로 발전하게 된다.

그럼 그 책임은 누구에게 있는가?

서로에게 반반씩 주어진다.

그러므로 '악연이니까 싫다'면서 회피하지 말고, 원인 제공자답게 나쁜 인연을 풀어보고자 애를 써야 한다. 고통스럽다고 무작정 피할 것이 아니라, '나의 책임이요 나의 업'이라고 생각하면서 나쁜 인연을 풀어나가야 한다.

악연은 피하려고 하면 할수록 더욱 가까이 다가온다. 실제로 살다가 보면 만나고 싶지 않은 사람인데 자꾸 만나게 되고, 부딪히고 싶지 않은 일인데 자꾸 찾아드는 경우를 많이 당하게 된다.

피하려 해도 결코 피할 수 없는 나쁜 인연…. 과연 이 악연을 푸는 최선의 방법이 무엇인가? 그것은 나쁜 인연을 받아들여서 풀어버리는 것이다.

물론 악연을 푸는 것이 쉬운 일은 아니다.

'내 업이요 내 탓이다.'라고 생각하는 사람들조차도 기꺼이 받아들이기가 용이하지 않다. 그렇지만 자기 자신을 진정으로 사랑한다면 나쁜 인연을 이해하여 풀려고 노력해야 한다.

지금 당장 상하는 자존심을 잠시 접어두고, 상대를 이해하고 용서하는 마음을 가져 보자. 그렇게 하면 상대도 틀림없이 '나'를 이해하고 용서할 것이며, 나쁜 인연 때문에 겪는 괴로움뿐 아니라, 악연 그 자체도 사라지게 된다.

만약 이렇게 해도 풀리지 않는 악연이라면 어떻게 해야 하는가? 그때는 불보살님께 의지해야 한다. 참회 기도를 통하여 불보살의 가피를 구해야 한다.

그리고 기도하면서 상대를 향해 참회를 하고, 상대를 위해 축원을 해보라.

"잘못했습니다, 잘못했습니다, 잘못했습니다.
미안합니다, 미안합니다, 미안합니다.
늘 건강하시고 뜻과 같이 성취하소서(3번)."

이렇게 꾸준히 참회를 하고 축원을 하면, 틀림
없이 봄눈 녹듯이 모든 악업이 녹아내리게 된다.

언제나 향상과 타락의 갈림길에서 있는 중생.
인연을 원만·진실·성취의 방향으로 좋게 가꾸
어가는 것은 향상하는 현인의 삶이요, 인연을 번
뇌스럽고 거짓되고 서로를 망치는 쪽으로 나아가
게 하는 것은 나와 남을 함께 타락의 길을 걷게
하는 마구니의 삶이다.
과연 지금 우리는 어느 쪽 삶의 길을 걷고 있는
가?
좋은 인연은 가꾸고 나쁜 인연은 풀면서 새로
운 인생길을 열어보자. 그 길에 행복과 평화로움

이 있으니….

　나무마하반야바라밀.

제3장
인생을 바꾸게 하는 인연법

세상의 모든 일은
우연히 이루어지는 것이 하나도 없다.
좋은 일이거나 궂은일이거나
내가 짓고 내가 받을 뿐이다.
이 간단한 진리를 모르기 때문에
인간은 남을 원망하거나, 스스로를 비관하고
회의에 빠져들어 괴로워한다.
'나는 왜 이래야만 하는가?'
하지만 나 또는 나의 주위에서 일어나는
기쁘고 슬픈 일들 모두가
나로 말미암아〔因〕 생겨난 일이요
내가 관련되어〔緣〕 이룬 일들이니 어찌하랴?

인연법과 우리네 인생

이제 인연법을 우리 인생에 연관시켜 보자.

불교에서는 인연설을 내세워서, '모든 것이 나의 하기에 달렸음'을 일깨우고 있으며, 나의 마음가짐과 행위로 말미암아 지금의 내 삶이 있게 되었다는 것을 천명하고 있다.

지금 부귀영화를 누리거나 괴롭고 힘들게 사는 것 모두는, 과거에 심어 놓았던 씨〔因〕가 바로 이 시간 전까지의 여러 가지 주변 환경〔緣〕과 노력〔業〕에 의해 맺어진 결실〔果〕일 뿐, 절대자나 운명에 의해 이렇게 사는 것이 아니라는 것이다.

동시에 단순히 금생의 마음가짐이나 행위만으로 이 생의 과보가 있게 된 것이 아니라고 설한다.

오히려 눈에 보이고 능히 기억할 수 있는 금생보다는, 감지할 수도 기억할 수도 없는 전생의 인연과 업이 더 크게 작용할 때가 많다는 것이다.

금생에 부잣집에 태어나 평생을 편안하고 풍족하게 사는 사람은 과거생에 복을 많이 지었기 때문이요, 현생에서 특별히 예능 공부를 하지 않았는데도 초인적인 실력을 발휘하는 것은 전생에 익힌 예술적인 재능 덕분이다.

또 과거생에 장원급제를 하겠다고 원을 세운 사람은 사법고시나 대학시험 등에서 수석합격을 하여 이름을 떨치게 되고, '꼭 한번 부자가 되어보리라'고 원을 세운 사람은 일생에 한 번은 돈을 크게 벌 수 있게 된다고 한다.

그리고 산중의 절에 잠깐 머물면서 '참 좋다'는 감정을 일으키고는, '나도 다음 생에는 승려가 되리라'고 원을 세우게 되면 내세에 출가하여 스님이 되기도 한다.

그러나 이러한 원〔因〕을 세우기만 하고 충분히 연緣과 복업福業을 쌓지 않은 사람은 평생 동안을 꾸준히 잘 지내기가 힘이 든다.

잠깐 동안 승려로 지내거나, 일시적인 부자로 그치거나, 한순간의 수석합격을 누리는 기쁨에 젖어 드는 것으로 끝을 맺는 경우가 많다.

뿐만이 아니다. 최고의 권력을 누리다가 자리에서 물러난 후 비난을 받으며 명예롭지 못하게 살아가는 사람도 있고, 처음에는 죽도록 사랑하던 연인이나 부부가 나중에는 말할 수 없는 상처를 서로에게 남기고 갈라서는 경우도 많다.

왜 이렇게 되는 것인가? 모두가 인因·연緣·업業

·과果, 곧 인연의 법칙 따라 움직이기 때문이다.

　세상의 모든 일은 우연히 이루어지는 것이 하나
도 없다. 좋은 일이거나 궂은일이거나 내가 짓고
내가 받을 뿐이다. 이 간단한 진리를 모르기 때문
에 인간은 남을 원망하거나, 스스로를 비관하고
회의에 빠져들어 괴로워한다.
　'나는 왜 이래야만 하는가?'
　하지만 나 또는 나의 주위에서 일어나는 기쁘고
슬픈 일들 모두가 나로 말미암아〔因〕 생겨난 일이
요, 내가 관련되어〔緣〕 이룬 일들이니 어찌하랴?
　그러므로 일어나는 모든 일에 대해 인연법으로
비추어 보면서, '나'를 잘 가꾸고 다스려야 평안
과 행복을 누릴 수 있다.

　앞에서도 말하였듯이, 부처님께서는 인연법을
'의타기依他起'라고 표현하셨다. 모든 현상은 '나'

혼자만의 힘으로 이룩되는 것이 아니라, '다른 것 〔他〕과 서로 의지하여〔依〕 일어난다〔起〕'는 것이다.

그런데 '다른 것'을 무시하고 '나의 것'만을 추구해 보라. 남을 무시하고 나만 홀로 우뚝 서려고 해 보라. 남이 불행해져도 나만 행복하면 좋다는 생각으로 살아보라.

'나'는 결코 행복해질 수도, 높이 올라설 수도 없다. 오히려 남이 나를 받쳐주지 않기 때문에 항상 밑바닥에서 살 수밖에 없고, 고독과 불행만을 되씹을 수밖에 없다.

이것은 법法이다. '그렇게 되게끔 되어 있는' 법칙이다. 인연 속에서 나쁜 업을 지으면 꼭 나쁜 과보가 돌아오게 되어 있다.

인·연·업·과의 법칙에는 예외가 없다. 선인善因을 심었으면 선과善果가 돌아오고 악인惡因을 심

었으면 악과惡果가 돌아온다. 내가 남을 해하였
는데 어떻게 편히 살 수가 있으리.

지금 이 자리에서 잘하면

우리는 명심해야 한다. 나에게 다가오는 모든 인연의 주체는 바로 '나'라는 것을!

내가 나의 이익과 나의 사랑에 빠져서 남을 무시하고 해치고 손해를 입히면 악연을 만들게 되고, 내가 '나와 남을 함께 살리는 생각을 하고 서로를 살리는 행동을 이루어 내면' 좋은 인연을 맺을 수 있다.

'나를 어떻게 다스리느냐'에 따라 다가오는 인연도 다른 모습을 띠게 된다. 선연이냐? 악연이냐? 이것은 오직 '나' 하기에 달려 있는 것이다.

가만히 주위를 둘러보라. 눈길을 옮기고 귀를 기울이는 모든 것에서 우리는 수많은 인연들을 만나게 된다. 선연도 만나고 악연도 만난다.

하지만 그 많고 많은 인연들 중에는 절대적인 선연도 절대적인 악연도 없다. 절대적인 불행도 절대적인 행복도 없다. 왜냐하면 인因과 연緣이 잠시 합해져서 모습을 나타내었기 때문이다.

과거는 이미 흘러갔고 미래는 아직 오지 않았다. 중요한 것은 '지금 이 자리'이다. 지금 이 자리를 잘 가꾸면 전생의 업으로 인한 과보를 가벼이 할 수 있을 뿐 아니라, 앞으로의 삶이 더욱 좋아지게 된다.

곧 전생 업의 폭우가 몰아칠지라도, 지금 이 자리에서 업을 푸는 쪽으로 마음을 잘 다스리고 바르게 실천하면, 폭우의 피해를 최소한으로 줄일 수 있을 뿐 아니라 더욱 윤택한 삶을 누릴 수 있다. 마치 비바람을 잘 견딘 초목이 푸르름을 더하듯이….

이제 우리는 전생의 업보를 참회하면서 바른 마음가짐으로 현세의 업을 잘 닦아가는 조화로운 불자가 되어야 한다.

업보는 인과 연이 모여서 생겨나는 것! 지금 이 자리에서의 '나'의 마음가짐과 행동은 과거의 업을 어떤 식으로 싹 틔울 것인가를 결정짓는 연緣으로 작용함과 동시에 미래의 씨가 된다.

실로 '지금 이 자리'는 과거의 맺힌 업을 푸는 과果의 자리이면서 새로운 업을 짓는 인因의 자리이다.

그러므로 지금 이 자리에서 어떠한 마음가짐을 갖느냐에 따라 맺힌 업을 풀고 푼 업을 더욱 원만하게 가꿀 수도 있고, 새로운 악업을 맺어 더 나쁜 상태로 자신을 몰고 갈 수도 있다.

맺느냐? 푸느냐? 잘사느냐? 못사느냐? 이는 오직 지금 이 자리에서 내가 어떻게 하느냐에 달려 있으며, 이것이 부처님께서 인연법을 설하신 진정한 이유이다.

정녕 '나'의 인생을 바꾸고자 한다면 인연법부터 믿어보라. 나의 마음가짐과 나의 실천이 나의 '지금 이 자리'를 바꾸고 주변을 바뀌게 한다. 인연의 도리를 알고 인연법을 믿으면 능히 지난날의 업을 가벼이 만들고 향상의 길로 나아가게끔 한다.

그럼 인연의 법칙 속에서 행복과 불행의 삶을 맺고 푸는 가장 중요한 원동력인 '나'의 마음씨와 나의 마음가짐[因], 나의 실천[業]은 어떠해야 하는가?

이에 대해 장을 바꾸어 차근차근 함께 살펴보자.

제4장
마음씨〔因〕와 나의 삶

'마음씨'는 '마음 땅〔心地〕에 심어 놓은 씨앗〔因〕'
에서 나온 말이다.
곧 마음 땅에 어떤 씨를 심느냐는 것은
'어떤 마음씨로 살아가느냐'
'어떤 마음가짐으로 살아가느냐'
'어떤 생각을 하며 살아가느냐'하는 것이다.
마음씨! 마음씨가 모든 업의 근본이 된다.
그러므로 눈에 보이지 않는 나의 마음 땅에
씨를 잘 심어야 한다.
내 마음씨, 내 마음속의 씨에 따라
나의 존재가 바뀌고 세상이 바뀐다.
지금 나의 마음 땅에 어떤 씨를 심느냐?
어떤 마음가짐으로 사느냐에 따라
미래의 행복과 불행이 판가름 지어진다.

마음씨는 마음의 땅에 심는 씨

"인因과 연緣과 과果를 바로 보아라. 모든 것은 인과 연이 화합하여 생겨나고, 인과 연이 흩어지면 소멸된다.

그 무엇도 인因 하나만으로 생겨나는 것이 없고, 연緣 하나만으로 생겨나는 것이 없으며, 지난날의 과보만으로 지금을 사는 것도 아니다.

인연의 법칙 속에서 가장 중요하게 작용하는 것은 언제나 근본인根本因이 되는 '나의 마음씨'이다."

대자대비하신 부처님께서 늘 강조하신 나의 마음씨! 부처님께서 인연법 속에서 가장 중요시한 것은 근본인이 되는 '나의 마음씨'였다.

불교에서는 우리에게 행복과 불행을 안겨주는 업력業力으로 신身·구口·의意 삼업三業을 들고 있다. 곧 몸으로 짓는 행위와 입으로 하는 말과 마음에서 일어나는 생각들이 업을 만들어 낸다는 것이다.

그런데 삼업의 밑바닥에는 근본인根本因이 되는 마음씨라는 것이 있다. 이 마음씨에 따라 몸으로 짓는 업이 달라지고, 입으로 내뱉는 말이 달라지고, 마음속의 생각이 달라지는 것이다.

실로 '나의 마음씨'가 탐욕과 분노와 어리석음·교만·의심·고집 등에 젖어 있으면 근심걱정이나 잡생각이 많아지고, 입에서는 바른말이 나오지 않으며, 바르지 못한 행동을 함부로 저지르게 된다.

반대로 욕심 없고 자비로운 마음씨를 품고 있으면, 언제나 남의 향상을 생각하게 되고, 사심 없는 고운 말이 저절로 나오며, 남을 살리고 베푸는 일을 자연스럽게 할 수 있게 된다.

이처럼 인·연·업·과의 전개와 복된 삶을 이루는 데 있어 참으로 중요한 것이 '마음씨'이다.

사람들은 '마음씨가 곱다', '마음씨가 차갑다'는 등의 말을 자주 쓰는데, 이 '마음씨'는 '마음 땅〔心地〕에 심어 놓은 씨앗〔因〕'에서 나온 말이다.

곧 마음 땅에 어떤 씨를 심느냐는 것은 '어떤 마음씨로 살아가느냐', '어떤 마음가짐으로 살아가느냐', '어떤 생각을 하며 살아가느냐'하는 것이다.

내가 나쁜 생각에 빠져서 나쁜 짓을 하면 '나'의 마음 땅에 나쁜 씨를 깊이 심는 것이 된다. 그럼 그 열매는 누가 거두는가? 그 마음 땅의 주인

마음씨는 마음의 땅에 심는 씨

인 내가 거둔다.

좋은 생각을 발하여 좋은 일을 행하면 누가 행복해지는가? 남도 행복해지지만 가장 행복해지는 이는 '나'이다.

그러므로 행복을 바라는 우리는 무엇보다 먼저 마음 땅에 좋은 씨를 심어야 한다.

복은 내가 짓고 내가 받는 것이다. 복을 거둘 수 있는 마음씨를 갖추어 정성을 기울이면 틀림없이 복은 '나'에게로 다가오게 되어 있다.

마음씨! 마음씨가 모든 업의 근본이 된다.

그러므로 눈에 보이지 않는 나의 마음 땅에 씨를 잘 심어야 한다. 내 마음씨, 내 마음속의 씨에 따라 나의 존재가 바뀌고 세상이 바뀐다. 지금 나의 마음 땅에 어떤 씨를 심느냐? 어떤 마음가짐으로 사느냐에 따라 미래의 행복과 불행이 판가름 지어진다.

마음씨 따라 모여드는 법계의 기운

실로 '나'를 죽이느냐 살리느냐는 '나'의 마음씨
에 달려 있다. 나의 행복과 불행은 나의 마음씨에
달려 있다.

왜? 나의 마음씨가 단순히 나만의 마음씨로 끝
나지 않기 때문이다.

마음씨의 '씨'는 인因이다. '나'의 마음 땅에 심
어놓은 그 씨는 나만의 것이 아니라 대우주 법계
와 연결되어 있기 때문에, 법계 속에 가득 차 있는
같은 기운의 파장을 불러들인다.

우리가 살고 있는 이 법계! 이 법계에는 무수한 기운의 파장이 가득 차 있다. 부富의 기운, 행복의 기운, 탐욕의 기운, 가난의 기운, 지혜의 기운, 미혹의 기운, 평화의 기운, 자비의 기운, 사랑의 기운 등등….

하지만 그 기운의 파장은 그냥 오는 것이 아니다. 나의 마음씨에서 퍼져나가는 파장과 법계에 흐르고 있는 파장이 같아야만 그 기운이 나에게로 몰려온다. 곧 나의 마음씨가 법계 속의 여러 기운 가운데 나에게 맞는 기운을 끌어당기는 것이다.

부富를 담을 수 있는 마음씨는 법계 속에 가득한 부의 파장과 사이클을 맞추어서 부의 기운을 불러들이고, 행복을 담을 수 있는 마음씨는 법계 속에 가득한 행복의 파장과 사이클을 맞추어서 스스로를 복되게 변화시키며, 깨달음을 담을 수 있는 마음씨는 법계에 가득한 진리의 파장과 접

속하여 깨달음이 스스로 다가오게끔 만드는 것이다.

 대부분의 사람들이 되고 싶어 하는 부자! 그러나 누구든지 부자가 될 수 있는 것은 아니다. 아무리 부자가 되기를 바란다고 한들 나의 마음씨가 가난하면 법계에 가득 차 있는 재물이 나에게로 오지 않는다.

 왜 오지 않는가? 파장이 맞지 않기 때문이다. 사이클이 맞지 않기 때문이다. 채널이 맞지 않기 때문이다.

 누구든 원하는 TV프로를 보고자 하면 반드시 채널을 맞추어야 한다. A방송국 프로를 보고자 하면서 B방송국의 채널을 맞추고 있으면 원하는 것을 볼 수 없는 것과 같은 이치이다.

 그러므로 행복을 원하고 부자 되기를 바라고 평화롭게 살고자 한다면 그에 맞는 마음씨부터

마음씨 따라 모여드는 법계의 기운

갖추어야 한다.

  원하는 것에 맞는 마음씨를 갖추는 것! 그것이
바로 원성취願成就의 인因이다. 마음 땅에 원하는
싹을 틔울 수 있는 씨를 심는 것! 그것이 정인正
因이다.

  이와 같이 내 마음의 땅에 인因이 바르게 심겨
있으면, 법계에 가득 차 있는 인因에 맞는 기운들
은 저절로 모여든다.

  그런데 이때 모여드는 기운이 무엇인가? 바로
연緣이다.

  그 연緣들이 인因인 '나'를 방해하지 않으면 내
가 행하는 노력〔業〕이 헛되지 않게 되고, 바라는
바의 훌륭한 과보〔果〕는 자연히 이루어지게 되는
것이다. 어찌 원성취가 어렵다고만 할 것인가?

  문제는 우리 중생의 삶이다. 마음씨를 갖추기도

전에 기대부터 하고, '나는 그렇게 되지 못한다'고 한탄을 하거나 남과 세상을 원망한다. 그리고 때로는 혼자만의 공상이나 번뇌망상에 빠져서 끊임없이 허덕이고 있다.

차분히 생각을 해 보라. 한탄과 원망이 나를 살아나게 하는가? 헛된 욕망이 바라는 것을 가져다주는가? 혼자만의 공상이나 번뇌망상이 인생을 값지게 만들어 주는가?

꼭 명심하라.

'나'의 행복에 있어, '나'의 원성취에 있어 가장 중요한 것은 '나'의 마음씨이다. '나'의 마음씨, 내 마음 땅에 심은 씨, 곧 인因에 따라 인생이 다르게 전개된다. 마음씨를 바꾸면 인생을 바꿀 수 있는 것이다.

마음씨 따라 모여드는 법계의 기운

마음씨 따라 전개되는 업보

　이제 인과응보, 곧 인연의 법칙과 관련된 불경 속의 이야기를 함께 음미하면서, 마음씨의 중요함을 깊이 새겨보고, 인연법에 대해 그릇되게 이해하기 쉬운 사항과 꼭 명심해야 할 인연의 원리에 대해 함께 살펴 보고자 한다.

❁

　부처님 당시에 한 나그네가 왕사성王舍城 성문 밖에서 걸식을 하다가, 얼마 전에 새끼를 낳은 사나운 암소의 뿔에 떠받혀서 목숨을 잃었다. 겁이

난 소의 주인은 급히 소를 팔았다.

그런데 소를 산 사람이 물가로 소를 끌고 가다가, 소가 뒤에서 그를 떠받는 바람에 즉사를 하고 말았다.

그 장면을 목격한 아들은 아버지를 죽인 소를 그 자리에서 때려잡았다. 하지만 아버지를 죽인 소의 고기를 먹을 수가 없어서 시장에 내다 팔았다.

마침 한 시골 사람이 그 소의 머리를 샀는데, 집으로 가져가던 중 나무 밑에서 잠시 쉬기 위해 소머리를 나뭇가지에 매달아 놓았다. 그런데 줄이 끊어지는 바람에 소의 뿔에 찔려서 죽고 말았다.

소 한 마리가 하루 만에 세 사람을 죽인 괴이한 사건! 이 사건이 빔비사라왕에게까지 보고가 되자, 왕은 부처님을 찾아뵙고 까닭을 여쭈었다.

"세상의 일에는 반드시 그 원인이 있기 마련인데, 이 사건은 지금 시작된 일이 아닙니다."

부처님께서는 이 사건과 관련된 인연담을 들려주셨다.

옛날 세 사람의 상인이 이웃 나라로 장사를 하러 가서, 홀로 사는 노파의 집에 머물며 말을 했지요.

"할머니, 잘 부탁드립니다. 저희들이 떠날 때 넉넉히 값을 치르겠습니다."

그 말을 믿은 노파는 정성껏 숙식을 제공하였지만, 며칠 동안 편히 지낸 세 상인은 노파가 없는 틈을 타서 값도 치르지 않고 떠나갔습니다. 밖에서 돌아온 노파는 그들이 떠난 것을 알고 화가 치밀어 올라, 수십 리 길을 뒤쫓아가서 그들을 만났습니다.

"날강도놈들아! 어서 숙식비를 내어놓아라."

"무엇이라고? 오늘 아침에 분명히 주었잖아. 그런데 여기까지 따라와서 또 달라고 해?"

혼자 사는 노파를 만만하게 본 상인들은 도리어 고함을 치면서 노파를 몰아세웠고, 힘없고 외로운 노파는 시치미를 떼는 그들에게 돈을 받을 수가 없었습니다. 하지만 치솟는 분노 속에서 그들을 향해 이를 갈면서 저주의 맹세를 퍼부었지요.

"내가 지금은 힘이 없어 너희들을 어떻게 할 수가 없지만, 다음 생에는 너희들을 만나 이 원한을 꼭 풀고 말 것이다. 축생이 되어서라도 너희 셋을 한꺼번에 죽이고 말겠다."

부처님께서는 이 전생담을 들려주시고 말씀하셨다.

"그때 저주의 맹세를 한 노파가 오늘의 저 암소요, 소뿔에 받혀 죽은 세 사람은 숙식비를 떼먹고 달아난 그때의 상인들입니다."

🎗

마음씨 따라 전개되는 업보

『법구비유경法句譬喩經』에 수록된 이 이야기의 주제는 '저주의 맹세'이다.

우리의 상식으로 생각할 때 전생에 돈을 주지 않았다면 현생에 여러 생의 이자가 붙은 보다 많은 돈을 갚는 과보를 받아야 정상이다.

그런데 이 이야기 속의 과보는 어떠한가? 돈이 아니라 목숨이었다.

어떻게 돈이 목숨으로 바뀔 수 있는가?

하지만 이와 같은 변화는 얼마든지 가능하다. 이야기를 통하여 분명하게 알 수 있듯이 '노파의 저주'가 작용하였기 때문이다.

분이 치민 노파가 스스로의 마음 땅에 "축생이 되어서라도 셋을 한꺼번에 죽이고 말겠다"는 강한 저주의 씨를 심은 것이다.

마음 땅에 심은 저주의 씨는 한 생生 만에 싹을 틔우고 크게 자라나 뿔을 갖춘 소로 태어났고,

심은 저주의 맹세대로 그들을 하루 만에 모두 죽였다.

사실 세 사람의 전생 업이, 현생에서 꼭 죽음으로 과보를 받을 만큼의 악독한 행위는 아니었지만, 노파의 원한과 저주 때문에 죽어간 것이다.

이것을 우리는 잘 유념해야 한다. 앞에서도 강조하였듯이, '나와 남의 마음 땅에 어떠한 씨를 심느냐'하는 것이 가장 강력한 인연법으로 작용을 한다.

그러므로 내 마음 땅만 생각하고 내 마음 편한 대로 해석하며 살아서는 안 된다. 살면서 알게 모르게 남의 가슴에 못을 박아 상대가 저주의 씨를 심도록 하지 않았는지도 가끔씩은 되돌아보아야 한다. 그리고 한이 맺히도록 한 것이 있으면 맺힌 것을 풀고자 노력해야 한다.

'잘못했다'는 진심 어린 말 한마디면 풀 수 있

는 것을, '보지 않으면 그만이요 모른 척하면 그만'이라는 생각으로 방치해 보라. 상대방의 마음 땅에 심은 한의 씨가 자라나 악연惡緣이 무르익으면, 예상치도 못하였던 엉뚱한 과보를 받게 되는 것이다.

 정녕 인간관계 속에서 좋은 인연을 가꾸고 서로를 살려 가는 사람에게는 어떠한 불행도 범접을 하지 못한다. 어찌 불자인 우리가 상대의 마음에 저주의 씨를 심고 원한의 불길을 피우는 인연들을 맺어갈 것인가?
 맺힌 것이 있으면 곧바로 참회하여 풀고, 보다 좋은 인연으로 가꾸어 가기를 축원해 마지않는다.
 나무마하반야바라밀.

제5장
마음밭에 다짐하며 씨를 심으면

강한 맹세를 하면 그 맹세대로 과보를 받는다.
이것이 무엇인가? 바로 인연법이다.
마음에 함부로 심은 씨가
그대로 발아를 하는 것이다.
그리고 그 맹세에 따른 법계의 인연들이 모여든다.
우리가 심은 맹세의 씨가 법계의 법칙을 움직여서,
과보를 받을 인연들을
우리의 삶 속에 등장시키는 것이다.
그리하여 스스로가 맹세한 그대로
최악의 시련을 모두 겪게 된다.

미묘비구니의 전생 맹세와 과보

잘살고자 하는가?

그렇다면 잘못되고 맺힌 것들을 참회하여 풀면서, 보다 좋은 인연으로 가꾸어 가야 한다.

왜?

먼저 그 까닭을 깨우쳐 주는 한 편의 인연 이야기부터 새겨보자.

❀

부처님 제자 가운데 지혜의 눈을 떠서 아라한이 된 미묘微妙 비구니가 있다. 그러나 출가하기 전의 그녀는 정말 기구한 삶을 살았다.

덕 높은 바라문의 딸로서 매우 빼어난 미모를 지녔던 그녀는 총명한 이웃 나라 바라문과 결혼을 하여 첫 번째 아들을 낳고 행복하게 살았다. 그리고 두 번째 아기를 낳을 때가 다가오자, 당시의 풍습대로 남편과 첫아들을 데리고 친정으로 향하였다.

친정으로 가던 도중에 갑자기 진통을 느낀 그녀는 나무 아래에 자리를 펴고 아기를 낳았으나, 어처구니없게도 남편이 독사에게 물려서 죽고 말았다.

충격을 받은 그녀는 기절을 하였다가, 아기들의 울음소리를 듣고 깨어났다.

그녀는 큰 아기를 등에 업고 갓난아기를 품에 안은 채 아무도 없는 멀고 험한 길을 걸어가다가, 수심이 깊고 폭이 넓은 큰 강을 만나게 되었다.

'아기 둘과 함께 건너면 모두가 죽게 되리라.'

큰아들을 강가에서 기다리게 한 그녀는 먼저 갓
난아기를 업고 강을 헤엄쳐 건너가서 큰 나무 밑
에 내려놓았다. 그때 강 건너에서, 애타게 어머니
를 부르며 강물 속으로 들어오던 큰아기가 물살
에 휩쓸려버렸다.

그녀는 급히 강물로 뛰어들었으나 물결에 휩쓸
려 가는 아기를 구할 수가 없었다. 통곡을 하면
서 다시 갓난아기에게로 돌아갔으나, 이미 늦대
가 아기를 먹어버린 뒤였다.

또다시 실신을 하였다가 한참 만에 깨어난 그
녀는 넋을 잃은 채 친정집으로 발걸음을 옮겼고,
도중에 친정아버지의 친구를 만나게 되었다. 슬
픔이 복받친 그녀는 그동안 일어난 일들을 이야
기한 다음 친정 소식을 물었다.

"며칠 전에 너희 집에 큰불이 나서 부모님과 동생들이 모두 타죽고 말았단다."

이 소식을 듣고 그녀는 다시 까무러치고 말았다.

그 뒤 그녀는 술망나니를 남편으로 맞이하여 온갖 학대를 받다가 견디지 못하여 도망을 쳤고, 또다시 재혼을 하였으나 남자가 얼마 지나지 않아 병들어 죽었으며, 또다시 도둑의 아내가 되었으나 며칠 만에 남편이 붙잡혀 사형을 당하는 기구한 운명을 겪어야만 했다.

결국 그녀는 부처님을 찾아가서 출가를 허락해 줄 것을 사정하였고, 부처님께서는 그녀를 제자로 받아들였다. 그날부터 부지런히 정진한 그녀는 마침내 아라한이 되어 자신의 과거와 미래를 꿰뚫어 볼 수 있는 눈을 갖추게 되었는데, 그때 주위의 비구니들에게 말하였다.

"내가 현세에서 받은 고통은 말로 다할 수 없는 것이지만, 그 모두가 전생에 내가 심은 것의 과보임에는 틀림이 없습니다. 참으로 인과의 법은 털끝만큼의 어긋남이 없습니다."

그리고는 현생에서 겪었던 기구한 삶과 함께, 전생에 심은 인因을 일러주었다.

"지난 세상에 한 부자가 있었습니다. 나는 그의 부인이었는데, 내가 아들을 낳지 못하자 남편은 작은 부인을 두었습니다. 지체가 낮은 집 딸이었으나 용모가 매우 아름다운 그녀를 남편은 몹시 사랑하였고, 마침내 사내아기를 낳았습니다. 남편과 작은 부인은 이루 말할 수 없이 기뻐하였지요.

그때 크게 시샘이 난 나는 생각했습니다.

'나에게는 자식이 없으니, 저 아기가 자라나면 이 집안의 재산을 모두 물려받게 될 것이다. 그때

가 되면 나는 어떤 처지에 몰릴 것인가?'

여기에 생각이 미친 나는 질투심에 두려움까지 치솟아, '아이가 성장하기 전에 죽여버려야겠다'는 결심을 하게 되었지요. 그러고는 남몰래 아이의 정수리에 바늘을 깊이 꽂았고, 아이는 차츰 마르다가 열흘쯤 지나 죽었습니다.

작은 부인은 미친 듯이 애통해하다가, 아이의 갑작스러운 죽음이 나의 소행일 것이라 단정하고 추궁을 했습니다.

'당신이 우리 아이를 죽였지요?'

그때 나는 시치미를 뚝 떼고 펄쩍 뛰면서 맹세를 했습니다.

'만약 내가 아이를 죽였다면 다음 생의 내 남편은 독사에게 물려 죽고, 거기서 낳은 자식은 물에 빠져 죽거나 늑대에게 잡아먹힐 것이다. 내 부모 형제는 불에 타 죽을 것이고, 나 또한 기구한 삶을 살 것이다.

이래도 나를 의심하겠느냐? 이래도 나를?'

그때 나는 인과의 도리를 알지 못하여 그와 같은 맹세를 하였던 것인데, 금생에 이르러서 맹세한 그대로 과보를 받았습니다.

지금, 다행히도 나는 부처님의 가르침을 만나 아라한이 되었지만, 아직도 뜨거운 바늘이 정수리로 들어와서 발바닥으로 나가는 듯한 고통을 밤낮없이 겪고 있습니다."

나의 맹세가 업보의 핵심

너무나 처참하고 기구했던 미묘 비구니의 이야기. 『현우경賢愚經』에 수록되어 있는 이 이야기가 우리에게 깨우쳐 주는 것은 무엇인가?

인과의 법칙은 털끝만큼도 어긋남이 없다는 것을 보여주고 있다.

그러나 그것보다 더 중요한 가르침은 '나의 마음밭에 심은 맹세의 씨가 그대로 업보로 나타나게 된다'는 사실이다.

다시 한번 이야기를 정리해 보자.

미묘 비구니의 전생 시절, 큰 부인이었던 그녀
는 작은 부인의 아들을 죽였다.

그렇다면 마땅히 자신이 고통스럽게 죽는 과보
와 살생한 과보를 받는 것이 순리이다.

그런데도 그녀는 남편이 독사에게 물려 죽고,
아이가 익사하고 늑대에게 잡아먹히는 과보, 부
모 형제가 불에 타서 죽는 과보를 겪었다. 가장
사랑하는 이들이 보여준 처참한 죽음으로, 그녀
는 죽음보다 더 고통스러운 최악의 삶을 산 것이
다. 그리고 술망나니·중병환자·도둑의 아내가
되어 기구한 삶을 살았으니….

왜 이렇게 된 것인가?

작은 부인이 추궁을 하자, 인과의 법칙을 몰랐
던 그녀가 순간적으로 죄를 모면하기 위해 강한
맹세를 하였기 때문이다. 그리고 결과적으로 그
맹세대로 과보를 받은 것이다.

이것이 무엇인가? 바로 인연법이다. 그녀의 마음에 함부로 심은 씨가 그대로 발아를 한 것이다.

그럼 왜 그녀 하나만 극심한 고통 속의 죽음을 받지 않고 다른 가족들이 처참하게 죽었는가?

그 맹세에 따른 법계의 인연들이 그녀에게로 모여든 것이다. 바로 이것이 법계의 흐름이요 조화이다. 그녀가 심은 맹세의 씨가 법계의 법칙을 움직여서, 그녀와 함께 과보를 받을 인연들을 그녀의 삶 속에 등장시킨 것이다.

그리하여 스스로가 맹세한 그대로, 한 생에서 최악의 시련을 모두 겪게 된 것이다.

불경 속에는 미묘 비구니와 같이, 맹세에 따른 과보 이야기가 참으로 많다. '내 마음 땅에 심은 맹세의 씨대로 내가 거둔다'는 법칙을 밝힌 이야기가….

그런데도 많은 불자들은 이러한 인연의 법칙에 대해서는 별로 관심을 기울이지 않는 듯하다. '나의 마음 땅에 내가 심는 씨앗'에 대해서는 별로 생각을 않는 듯하다. 오히려 살생·투도·사음 등의 행위나 망어·악구 등을 범하지 않으면 된다고 여긴다.

　하지만 진정으로 부처님께서 깨우치고자 하셨던 것은 내 마음 땅에 심는 나의 마음씨였다.

　이제 이 이야기 속에 간직된 의미를 생각하면서 반대의 경우를 이야기해 보자.

　우리가 마음 땅에 좋은 씨를 심는다면 어떻게 될까? 틀림없이 좋은 결실을 거둘 수가 있다.

　나의 마음 땅에 깨달음의 원顯, 자비의 원, 평화의 원, 복된 원의 씨를 심으면 언젠가는 그 원을 성취하여 깨달음을 이루고, 행복을 누릴 수 있다.

좋은 원을 심고 그 원에 합당한 노력을 하면 반드시 좋은 결실을 거둘 수가 있는 것이다.

마음을 넓게 열고 큰사랑의 씨를 심자. 긍정적이고도 낙관적인 마음가짐으로 '나'와 가족과 이웃과 이 세상에 대해 감사하고 사랑하자.

그리고 가족 및 주위의 분들께 "고맙다, 참 잘했다, 좋다, 예쁘다, 사랑스럽다"는 등의 감사와 칭찬과 찬탄을 아끼지 말고, "힘내라, 잘 될 수 있다"는 등의 말을 통하여 편안한 마음〔安心〕을 선사해 주게 되면, 새로운 인연의 씨가 싹터서 지금 이 자리가 차츰 극락으로 바뀌어 간다.

반대로 눈앞의 이익만을 생각하고 모든 것을 상대적인 감정과 자존심으로 해결하려 하면 매듭만 더욱 늘어갈 뿐이다.

문제가 생기면 이기적인 '나'를 비우고 무조건

참회하자. 진심으로 참회하고 지금 이 자리의 인연을 잘 가꾸겠다는 마음씨를 가질 때, 우리를 힘들게 한 장애들은 스르르 풀어지고 만다.

참되고 복되고 자유롭고 향상된 삶! 그것은 진정으로 참회하고 좋은 인연을 만들고자 하는 지금 이 자리의 마음가짐이 결정한다는 이 소중한 법칙을 잊지 말기 바란다.

부처님께서 간곡하게 설하신 인연법은, 맺힌 것을 풀고 푼 것을 더욱 원만하게 가꾸어 행복과 평화와 해탈을 안겨주는 영원한 진리이다.

부디 마음밭에 좋은 씨를 심게 한 부처님의 인연법을 잘 믿고 이해하고 실천하여 원만하고 진실되고 행복 가득한 삶을 성취하시기를 두손 모아 축원드린다.

나무마하반야바라밀.

제6장
받아들이면 녹는 업연業緣

'지금 이 자리'는 과果의 자리이다.
곧 과보를 받고 있는 지금 이 자리요,
과보를 받고 있기 때문에
괴롭기도 하고 즐겁기도 한 것이다.
하지만 지금이 과보의 자리만은 아니다.
과보를 받음과 동시에 새로운 인因을 심는 자리이다.
따라서, 과보를 받고 있는 지금 이 자리에서
어떠한 씨를 새롭게 심느냐에 따라
미래에 거둘 결실이 달라진다.
지금 불행한 과보를 받고 있을지라도
'그래, 기꺼이 받자. 지금이 나를 바꿀 기회다.
기꺼이 받으며 행복의 씨를 심자'는 자세로 임하면
틀림없이 행복한 미래가 열리게 된다.

기꺼이 받고자 할 때

업보중생業報衆生인 우리는 내가 지은 업의 힘인 업력業力으로 살아간다. 내가 과거와 현재에 지은 좋고 나쁜 업의 힘이 지금의 행복과 불행, 기쁨과 고난의 삶을 전개시키는 원동력으로 작용을 하는 것이다.

물론 좋고 행복하고 즐겁고 기쁠 때는 하등 고민이 되지 않는다. 문제는 불행하고 나쁘고 슬프고 힘이 들 때이다. 그러한 때에 어떻게 하여야 불행을 행복으로 돌려놓을 수 있는 것인가?

앞에서도 잠깐 이야기하지 않았던가.

불교에서는 불행하고 고달픈 일이 닥쳐올 때 '내가 지은 바이니 기꺼이 받겠다'는 자세로 살 것을 가르친다.

'내가 지은 바를 기꺼이 받겠다고 할 때, 그 업을 녹일 수 있는 힘이 내면에서 샘솟아 불행을 능히 극복하게 한다'고 가르친다.

반대로 '나는 왜 이렇게 살아야 하는가? 싫다, 싫어.' 하면서 현실의 괴로움과 어려움을 피하려 하거나 짜증을 부리게 되면 더 깊은 업의 결박 속으로 빠져들게 된다고 한다. 곧 다가선 업보를 피하거나 받지 않으려고 하면 더 큰 불행과 괴로움이 다가서게 된다는 것이다.

'어차피 받을 것, 기꺼이 받겠다'는 자세로 삶에 임하면 미래가 차츰 밝아지지만, 내 마음에 들지 않는다 하여 '싫어, 안돼!'라는 자세로 살아가면 미래가 참으로 어두워진다.

이를 인연법에 준하여 조금 더 자세히 이야기해 보자.

씨앗〔因〕을 뿌리지 않았으면 열매〔果〕를 거둘수가 없다. 그렇다면 지금 내가 거두어들이고 있는 열매〔果〕는 무엇인가? 내가 뿌려 놓은 씨앗〔因〕의 결과이다.

그렇다면 이 결과를 어떻게 해야 하는가? 그대로 받아들여야 한다. 거울이 온갖 사물을 다 받아들이듯이, 지금 나에게 오는 과보는 있는 그대로 받아들여야 한다. 좋은 과보이든 그릇된 과보이든 다 받아들여야 한다.

행복이 오면 행복을 받아들이고, 불행이 오면 불행을 받아들여야 한다. 행복은 좋은 것이니까 받아들이고, 불행은 좋지 않은 것이므로 거절해서는 안 된다. '돈은 좋은 것이므로 받아들이고, 똥은 역겨운 것이므로 받아들이지 않겠다'고 해서는 안 된다.

반대로 내가 원인을 만들지 않았으면 과보는 오라고 하여도 나에게 오지 않는다. 내가 그러한 씨앗을 뿌렸기 때문에 지금의 과보가 온 것이므로 피하려 해도 어쩔 수가 없다.

따라서 지금 받아야 할 것은 기꺼이 받아들여야 한다. 거울이 마주한 사물을 받아들이듯이 그대로 받아들여야 한다.

기꺼이 받아들이면 업이 저절로 녹아내릴 수 있는데, 나의 자존심과 행복만을 고집하면 더욱 궂은 업을 짓게 되고 만다.

이렇게 사는 동안은 행복과 평화는 나의 것이 될 수가 없다. 끝없는 윤회 속에서 한없는 괴로움을 짊어지고 살 수밖에 없는 것이다.

하지만 '나'의 업을 긍정하고 기꺼이 받아들이

면 능히 업장의 결박에서 벗어날 뿐 아니라 행복의 문이 새롭게 열린다.

현재 내가 처한 현실이 힘들고 괴롭더라도 '기꺼이 받겠다'는 마음가짐으로 참고 나아가면 나쁜 업이 더 빨리 소멸된다. 그야말로 '기꺼이 받겠다'는 자세가 '나'의 몸가짐과 말과 생각을 바꾸어서 업장을 보다 쉽게 녹이는 것이다.

삶이나 일이나 업만이 아니다. 사람도 마찬가지이다. 껄끄러운 시어머니와 며느리, 사이가 좋지 않은 남편과 아내, 참으로 잘 통하지 않는 자식과 부모로 있을 때에도, '밉다·싫다·헤어지자·벗어나자'는 생각을 돌려, '지금의 이 인연을 받아들이고 기꺼이 받겠다'고 작정하면, 서로의 관계가 예상외로 빨리 좋아진다.

과果를 받으며 새 인因을 심는 지금

그러므로 무엇보다 먼저 고난이 '나'에게만 찾아오는 것이 아니라는 것을 알고, 찾아온 고난을 긍정할 줄 알아야 한다. 그리고 이제까지의 '고난 없기를' 바랐던 마음부터 바꾸어야 한다.

'세상살이에 고난 없기를 바라지 말라!'

이것이 고난 극복의 첫걸음이다.

주위를 둘러보라. 이 세상을 둘러보라. 고난 없이 사는 이가 어디에 있는가? 제 마음대로 사는 이가 어디에 있는가? 우리가 남에게 관심 없고, 남이 나에게 자신의 고난을 말하지 않아 모를 뿐,

고난 없이 사는 이는 아무도 없다.

우리가 그토록 존경하는 부처님께도 고난은 있었다. '9뇌九惱'라 하여 아홉 번이나 있었다. 다만 부처님과 우리의 다른 점은, '다가온 고난을 기꺼이 받아들여 그 고난 속에서 평화로움을 잃지 않았다'는 것이다.

꼭 명심하기 바란다. 고난 극복의 핵심은 찾아온 고난을 어떻게 대처하느냐에 달려 있다. 전생에 심은 고난의 원인이 무엇인지는 모를지라도, 고난이 찾아들면 고난을 긍정하는 자세를 갖추어야 한다.

원망도 하지 말고 남의 탓도 하지 말고, 업을 녹이는 자세로 정성껏 임해야 한다.

고난이 닥쳐왔을 때 이렇게 긍정적인 자세로 임하면 고난은 스스로 고개를 숙이고, 나를 비켜

과果를 받으며 새 인因을 심는 지금

간다.

　결코 받아들이는 것을 두려워하지 말자. 받아들이면 업이 빨리 녹게 되고, 받아들이고 나면 그 업은 비게 되고 공空이 된다.
　반대로 내가 원하지 않고 나에게 맞지 않다고 하여 받아들이지 않게 되면, 더 복잡하고 더 어려운 나의 업을 만들어서 계속 힘든 상황 속으로 빠져들 수밖에 없다.

　절대로 잊지 말라. 내가 행복하거나 불행하거나, '지금 이 자리'는 과果의 자리이다. 곧 과보를 받고 있는 지금 이 자리요, 과보를 받고 있기 때문에 괴롭기도 하고 즐겁기도 한 것이다.

　하지만 지금이 과보의 자리만은 아니다. 과보를 받음과 동시에 새로운 인因을 심는 자리이다. 따라서, 과보를 받고 있는 지금 이 자리에서 어떠한 씨를 새롭게 심느냐에 따라 미래에 거둘 결실이 달라진다.

지금 콩을 심으면 많은 콩을 수확하게 되고, 지금 팥을 심으면 많은 팥을 거두게 된다.

지금 불행한 과보를 받고 있을지라도, '그래, 기꺼이 받자. 지금이 나를 바꿀 기회다. 기꺼이 받으며 행복의 씨를 심자'는 자세로 임하면 틀림없이 행복한 미래가 열리게 된다.

또, 과果를 받으면서 새로운 인因을 심는 **지금 이 자리는 동시에 연緣의 자리가** 되기도 한다. 이미 심어놓은 과거의 여러 인因들이, 발아를 하고 성장을 하는 데 영향을 미치는 조건과 환경〔緣〕이 되기도 하고, 앞으로 지을 업이나 앞으로 받게 될 과보들의 강도를 조절하는 연緣이 되기도 한다.

곧 과거에 마음의 먹구름을 일으켜 아주 나쁜

인을 심고 업을 지었을지라도, 지금 바른 마음으로 바르게 실천하며 살고 있으면, 과거의 업이 '나'를 해치지 못한다.

오히려 맑고 바른 지금의 삶 때문에 마음의 하늘이 맑아져서 과거에 형성된 먹구름들을 밀어내기 때문에, 당장 비바람을 뿌릴 수도 없고 나를 해칠 수도 없는 것이다.

뿐만이 아니다. 먹구름과 비바람이 사라지면 맑은 하늘에 본래부터 있는 밝은 태양의 빛을 받아 나의 무대가 음지에서 양지로 바뀌고, 그 양지로 좋은 인연들이 모여들어 삶이 더욱 윤택해진다.

그것도 단순히 어느 한 부분만 바뀌는 것이 아니라, 씨줄·날줄로 연결된 모든 환경이 다 바뀐다. 곧 지금 이 자리에서 내가 어떻게 하느냐에 따라 모든 연緣이 능히 바뀌는 것이다.

맺힌 것을 풀며 좋은 인연으로

실로 인연법으로 볼 때 영원한 것은 없다. 들어온 것은 나가게 되어 있고, 비워지면 채워지게 되어 있다. 그런데도 사람들은 한쪽만을 고집한다.

머리가 가는 곳에 발이 가고 발이 가는 곳에 머리가 가는 것이건만, 머리만 생각하고 발은 잊고 사는 듯하다. 많은 돈, 높은 자리, 큰 향락 등 머리만을 좋아할 뿐, 불평 없이 묵묵히 나아가는 발이 되고자 하는 이는 드물다.

그 결과로 오는 삶이 무엇인가? 치열한 경쟁과 고달픈 현실이다.

왜? 왜 그렇게 힘들게 살아가야 하는가? 내가 '나'에게 속아서 살기 때문이다.

이제부터 인연의 법칙 속에 나를 맡기고 지혜롭게 살아보자. 맞지 않은 인연이 찾아오면 참회를 하고 기꺼이 받아들이면서, 모든 업의 인因인 '나'의 마음을 풀어보자. '나'의 마음이 얽힐 때 전체가 얽히고, '나'의 마음이 풀릴 때 전체가 풀어진다.

분명하지 않은가? 업장만 녹아내리면 행복은 우리의 것이 된다. 이기심·자존심을 비우고 기꺼이 받자. 기꺼이 받고자 할 때 모든 업이 풀린다. 매사에 한 생각을 바르게 가져 **맺힌 것을 풀고, 푼 것을 더욱 좋은 인연으로** 가꾸어 가자.

참된 삶, 복된 삶, 평화롭고 자유로운 삶! 그것은 기꺼이 받고자 하는 마음가짐이 결정한다는 사실을 잊지 말아야 한다.

이렇게 인과를 믿어 내가 지은 업을 적극적으로 수용하고 나와 남을 함께 살리며 살고자 할 때, 맺힌 인연의 매듭은 저절로 풀어지고 행복과 자유와 평화가 충만된 삶이 찾아드는 것이다.

실로 **인연법의 핵심**은 '인·연·업·과가 동시에 전개되는 지금 이 자리에서 내가 어떻게 사느냐' 하는 것이다. 어떻게 사느냐에 따라 나의 행복과 불행의 삶이 갈라지기 때문이다.

따라서 어떻게 하든 지금 이 자리에서 잘 살아야 한다. 인연법의 원리를 새기며 마음을 모으고 정성을 모아, 나를 살리는 삶을 이끌어 내어야 한다.

참으로 나를 사랑하고 나의 행복을 원하는 이라면 '보이지 않는 업'이라며 이 순간을 함부로 하지 말고, '기꺼이 받겠다'는 마음가짐으로 행복의 터전을 마련함과 동시에, 보다 적극적으로 인연을 가꾸며 뭇 생명을 살리는 길로 들어서야 한다. 이렇게만 하면 틀림없이 인생이 달라지고 행복해질 수가 있다.

부디 이를 잘 새겨, 큰 사람이 되고 큰 행복과 큰 평화를 만끽하시기를 두 손 모아 축원드린다.

나무마하반야바라밀.

제7장
인연법은 희망의 법칙

'업력 · 습력 · 원력 중에서 원력이 가장 앞선다.
나의 삶을 가장 앞서서 인도하는 힘은
지금 이 자리의 내 원력이다.'
이 원력의 바다에 들어서면
이제까지 어떻게 살아왔는지는 중요하지가 않다.
원력에 대해 확신을 갖고
지금 이 자리에서 원을 잘 세우고 닦아 가면
업을 넘어선 훌륭한 삶을 살 수 있게 된다.
지금 이 자리의 강한 원顧이
인 · 연 · 업 · 과의 모든 부분에 작용하여
업과 습을 뛰어넘고 나를 탈바꿈 시킨다.

행복을 보장하는 인연법

'내가 선善을 베풀면 선으로 받고, 악惡을 내뿜으면 악으로 받는다.'

이것이 인연과 인과의 이치이니, 이 세상 많고 많은 일들은 이 인연과 인과에 의해 나타난 것들이다.

'콩 심은 데 콩 나고 팥 심은 데 팥 난다'는 이 단순한 진리가 세상사의 이치요, 불법佛法의 핵심이라는 것을 우리는 분명히 알아야 한다.

그런데 세상사의 법이 인연이요 인과이기 때문

에 인연을 그냥 방치를 하여 놓아두면 안 된다. 콩을 심은 것으로, 팥을 심은 것으로 끝마쳐서는 안 된다. 심은 다음에는 잘 가꾸고 잘 길러 나가야 한다.

무엇에 의지하여 잘 가꾸고 잘 길러나가야 하는가?

바로 복덕을 가득하게 하는 바른 법에 의지하여야 한다. 부처님의 근본 가르침을 비롯하여, 밝고 바른 삶과 수행법 등에 의지하여 잘 길러 나가야 한다.

이렇게 바른 법에 의해 잘 다스리고 나아가면 모든 인연법과 인과법이 희망의 법칙이 되고 행복을 보장하는 진리가 된다.

인因·연緣·업業·과果.

이 네 글자의 줄인 말인 인연법은 희망의 법칙이다. 우리를 겁주고 그릇되게 이끄는 법이 아니라, 지금 이 자리의 행복을 보장하는 진리이다. 그러므로 인연법의 원리를 잘 깨달아서 행복의 세계, 해탈의 세계를 열어야 한다.

그런데 많은 이들이 인연법에 대해 '심은 대로 거둔다'는 관점에만 빠져 있다는 것을 종종 느낄 때가 있다. 물론 이것이 잘못된 것은 아니다.

하지만 '심은 대로 거둔다'는 너무나 당연한 이 진리에 대해, 좋지 않게 살아온 사람들은 의외로 두려움을 느끼고 실망을 한다.

'아, 나는 구제 불능의 존재인가? 지난날을 그릇되게 살았으니 미래의 과보가 뻔하지 않은가? 나는 행복과 거리가 멀다. 그냥 해오던 대로 살 수밖에….'

그러나 아니다. 인연의 원리를 알고 살면 절대로 삶이 나빠지지 않는다. 인연법을 깨닫고 살면 최악의 상태에서 능히 좋아질 수가 있다. 지금 이 자리에서 원願을 세워 힘을 모으면 참으로 복되고 가치 있는 삶을 만들 수가 있다.

비록 큰 죄를 지어 큰 고초를 받을 처지에 이르렀더라도, 무상無常을 느끼고 정도正道로 살고자 하거나 깨달음을 이루겠다는 발심發心을 하면, 그 원願에 의해 업業이 뒤로 물러선다. 원을 따라 세세생생을 살 수 있게 되고, 마침내는 업력까지 뛰어넘을 수 있게 된다.

업과 습과 원

불교에서는 우리의 삶을 움직이는 힘을 세 가지로 분류한다. 그 셋은 業業과 習習과 원願이다.

이 셋 가운데 지은 대로 받는 업에 대해서는 이미 이해를 하였을 것이므로 습과 원에 대해서 이야기해 보자.

習習은 익힌 버릇이다. 다생다겁 동안 익혀온 버릇이 습이다.

지금의 '나'는 현생에 익힌 습만으로 존재하지 않는다. 과거 전생의 수많은 생애, 수백 생 수천

생 동안 익힌 버릇이 계속 이어져서 지금의 '나'가 된 것이다.

축생이었을 때의 버릇, 천인이었을 때의 버릇, 아수라였을 때의 버릇, 양반이었을 때의 버릇, 거지였을 때의 버릇, 왕족이었을 때의 버릇, 남자 또는 여자였을 때의 버릇 등, 수백수천 생의 습관들이 똘똘 뭉쳐져서 지금의 '나'를 있게끔 하는 것이다.

유난히 잠을 많이 자고 바람을 많이 피우고 술을 많이 먹는 것도 습과 관련이 있다. 현생에서 제대로 배우지 않았는데도 그림을 잘 그리고 악기를 잘 다루고 어려운 계산을 척척 하는 것 또한 전생에 익힌 습으로 인한 것이다.

좋은 습을 타고난 사람은 현세에서 더욱 발전시켜 나갈 수가 있다.

또 나쁜 습을 타고난 사람은 필요에 의해, 환경의 변화에 의해, 외부의 강한 충격에 의해 그 습을 능히 바꿀 수가 있다.

이제 원을 이야기해 보자.

원願은 내 마음속의 소원이다. 내가 어떻게 살고 어떻게 실천하고 어떻게 되겠다고 하는 마음속의 소원이다.

이 소원은 오직 '나'만의 것이요 '나'의 몫이다.

그러나 원이 내면의 원으로만 있을 때는 원성취願成就가 되지 않는다. '나'의 원을 핵으로 삼아 끊임없이 생각하고 노력하여 힘을 모아야만 원성취가 가능해진다.

단순한 원에 힘〔力〕이 모이면 원력願力이 되고, 힘이 모인 원력으로 움직이면 원성취가 어렵지 않다. 흔히들 원을 세우고 백일기도 등을 행하는데, 이때의 백일기도 등이 바로 힘을 모으는 방법인 것이다.

이렇게 하여 스스로가 세운 원에 힘이 충만하여

지면 어떻게 될까? 원의 성취는 저절로 된다.

여기서 한 가지 질문을 던지고자 한다.

업력業力과 습력習力과 원력願力의 셋 중에 **어느 힘이 가장 강한 것일까?**

그 답은 원력이다. 원력은 업력과 습력을 뛰어넘는다. 강한 원의 힘이 업이나 습보다 앞서간다는 것이다.

그래서 불교에서는 원을 세우라고 한다. 무엇보다 먼저 원을 잘 세우라고 한다.

아주 대표적인 예를 하나 들면, 『무량수경』에서는 이렇게 설하고 있다.

"극락에 태어나고자 하는 원을 세운 다음에 '나무아미타불' 염불을 십념十念, 곧 열 번만 지극하게 외우면 틀림없이 극락에 왕생할 수 있다.”

단 열 번의 지극한 '나무아미타불' 염불! 이것으로 극락에 태어난다는 사실이 믿어지는지?

평생 나쁜 짓을 하였어도 십념十念의 염불로 극락왕생을 하게 되고, 극락에 왕생하면 다시는 윤회하지 않고 성불할 때까지 잘 공부하면서 행복하게 지낸다는 것이 믿어지는지?

인과만 믿는 중생이라면 쉽게 믿지 못할 것이다. 그렇다면 부처님께서 거짓을 말씀하신 것인가? 절대로 아니다.

과연 무엇으로 인해 이것이 가능한가? 원력의 힘 때문에 이것이 가능하다.

'열 번만 마음을 모아 염불하면 왕생케 하겠다'는 아미타불의 근본서원과 극락에 왕생하고자 하는 나의 원력이 맞아 들어갔기에, 업력에 의한 육도윤회의 길을 벗어나서 극락에 왕생하는 것이다.

이처럼 지옥에 떨어지는 것이 마땅한 중생도 원력을 잘 세워서 살아가면 무엇이든지 성취할 수가 있다. 원력이 업력보다 앞서가기 때문에 이와 같은 삶의 길이 열릴 수 있는 것이다.

그러므로 우리들은 확신 속에서 살아야 한다.

'업력·습력·원력 중에서 원력이 가장 앞선다. 나의 삶을 가장 앞서서 인도하는 힘은 지금 이 자리의 내 원력이다.'

이 원력의 바다에 들어서면, 이제까지 어떻게 살아왔는지는 중요하지가 않다. 원력에 대해 확신을 갖고 지금 이 자리에서 원을 잘 세우고 닦아가면, 업을 넘어선 훌륭한 삶을 살 수 있게 된다.

인·연·업·과의 원리 또한 마찬가지이다. 지금 이 자리에서의 회심回心, 지금 이 자리의 강한 원

願이 인·연·업·과의 모든 부분에 작용하여 업과 습을 뛰어넘고 나를 탈바꿈 시킨다.

그러므로 '지금 이 자리'의 삶은 참으로 중요하다. 어떻게 사느냐에 따라 선신이 우리를 보호하기도 하고, 원결이 쌓인 존재나 악귀가 침범하기도 한다.

원을 잘 세우고 보시하고 바르게 살고 인욕하면서, 원성취를 향해 잘 정진하게 되면 과거 업으로 심은 씨앗들이 발아를 하지 못 한다.

그리고 깊은 원력 속에서 자비를 실천하며 살면 성현의 가피를 입어 업장이 녹아내리고, 행복은 물론 온전한 깨달음까지 이룰 수 있게 된다.

꼭 기억하라. 인·연·업·과의 인연법은 희망의 법문法門이다. 지금 이 자리에서 향상의 세계, 행복의 세계로 들어가게 만드는 법法의 문門이다. 우리는 이 희망의 인연법을 통하여 새롭게 깨어나야 한다.

불교는 과거를 묻지 않는다. 과거의 잘못을 넘어서서 지금 잘하게 되면, 능히 바뀌고 행복해진다는 것이 부처님의 가르침이다.

지금 이 자리는 과果를 받는 것과 동시에, 인因을 심고 연緣을 바꾸어 새로운 업業을 짓는 자리!

이것을 마음에 담아 새로운 원력을 키우고, 좋은 인연을 잘 가꾸는 법을 익혀 향상의 세계로 나아가기를 축원드린다.

시절인연에 순응하라

끝으로 한 가지 더 이야기하고 싶은 것은 시절
인연時節因緣이다.

시절인연은 모든 인연에 오고 가는 시기가 있음
을 나타내는 말이다. 이 시절인연은 사랑 결혼 사
업 출세 돈벌이 등 인생의 모든 문제에 적용된다.

모든 일에는 인연 화합과 인연 소멸의 때가 있
기 마련이요, 때가 되면 스스로 찾아오고 때가 되
면 스스로 물러간다.

그러므로 억지로 내가 바라는 인연을 빨리 맞이
하려 하지도 말고, 내가 싫어하는 인연을 빨리 물

리치려고도 하지 말라는 것을 깨우쳐 주는 단어가 시절인연이다.

"오는 인연 막지 않고 가는 인연 잡지 않는다."

불교 집안에서는 이 말을 즐겨 사용한다.

"억지를 쓰지 않더라도 올 인연은 오게끔 되어 있고, 머무를 인연은 머무르게 되어 있으며, 갈 인연은 가게끔 되어 있다. 무엇 하려 애써 막고 잡으려 하느냐? 인연에 순응하면 그뿐이다."라는 말이다.

우리는 바라는 바가 있으면 그 인연을 잡기 위해서 노력한다. 때가 아니라고 느낄지라도 어떻게 하든 이루어 보려고 애를 쓴다.

그러나 아직 때가 되지 않은 인연은 쉽사리 찾아들지 않는다. 오히려 애태우고 조바심을 일으

키면 일으킬수록 시절인연이 다가오는데 방해가
될 뿐이다.

오히려 '지금 이 순간'의 일에 최선을 다하면서,
원을 세우고 기다리면, 인연이 빨리 다가선다. 그
러므로 애써 구할 것이 아니라, 조급한 마음을 비
우고 기다릴 줄 알아야 한다.

사랑의 결합도 사업의 성취도 조급증은 절대
금물이다. 나사를 너무 세게 조이면 헛돌게 되듯
이, 기다릴 줄 모르는 조급증에 빠지면 스스로도
남도 망쳐버릴 뿐 아니라, 악연만 더 깊이 쌓게
된다.

지금 우리에게 필요한 것은 오직 '지금 내가 할
바'를 열심히 하면서 좋은 인연을 더욱 다져가는
노력뿐임을 잊지 마시기 바란다.

이제 반대의 경우를 살펴보자. 만약 다한 인연,
가는 인연을 잡으려고 하면 어떻게 되는가?

억지로 잡아본들 남는 것은 인연의 병과 후유
증뿐이다. 사람의 경우라면 서로의 마음에 못을
박을 뿐이요, 서로의 관계를 더욱 뒤틀리게 할 뿐
이다. 사업의 경우라면 빚만 더 안게 되고 주변
사람을 울리고 힘들게 할 뿐이다.

이렇게 가는 인연의 흐름을 애써 막으려고 하면
충격적인 비극으로 끝을 맺고 만다.

오히려 마음을 비우고 흘려보내면서 다음을 기
다려 보라. 기꺼이 보내면서 마음 깊이 축원祝願
하면, 그 축원의 마음이 씨가 되어 좋은 인연이
새롭게 찾아드는 것이다.

그런데 오는 인연, 가는 인연에 대해 다음과 같
은 경우도 있기 마련이다.

"아무리 포기를 하려 해도 포기할 수가 없다.
마음을 비우려 해도 도저히 비울 수가 없다. 어

떻게 할 수 있는 방법은 없을까?"

만약 이러한 상태에서 도저히 벗어날 수 없다면 기도를 하라. 원願을 세우고 기도를 하라.

인연과 매우 깊은 관계에 놓여 있는 원! 우리가 원을 세우고 간절히 기도를 하면 그 원願에 힘〔力〕이 붙게 된다.

그 힘은 불보살의 가피와 우리의 깊은 곳에 자리 잡고 있는 불성佛性의 힘, 곧 마하심摩訶心의 힘이 솟아난다. 불보살과 마하심의 무한한 능력과 영원한 생명력이라면 능히 좋은 인연과 함께 할 수 있도록 만들어 준다.

실로 좋은 인연이 스스로 찾아들기를 바라거든, 현재 다가온 인연들을 원만히 가꾸어 가고, 나쁜 인연의 매듭을 풀고자 노력해야 한다. 시절인연의 참뜻을 깨달아 인생을 윤택하게 가꾸어 가야 한다.

인연 따라왔다가 인연 따라가는 우리네 인생!

우리의 인생은 그 자체가 하나의 큰 인연이다. 우리가 인연을 잘 가꾸어 풀어가게 되면, 인생 전체가 원만·성취·진실로 가득하게 된다.

부디 인연법을 잘 깨우쳐 좋은 인연 속에서 살기를 두 손 모아 축원 드리면서, '인연'에 대한 글을 마무리 짓는다.

나무마하반야바라밀.

김현준 원장의 기도 관련 불서

광명진언 기도법 / 일타스님·김현준　　　신국판 180쪽 6,000원

광명진언 기도를 널리 펴고자 일타스님과 김현준 원장이 함께 저술한 책. 광명진언 속에 새겨진 참의미와 바른 기도법, 빠른 기도성취법 등을 자상하게 설하고, 유형별 기도성취 영험담을 다양하게 수록하였으며, 누구나 보기 쉽도록 큰활자로 발간하였습니다. 광명진언을 외우면 행복과 평화, 영가천도, 소원성취를 이룰 수 있습니다.

신묘장구대다라니 기도법 / 우룡스님·김현준　신국판 208쪽 7,000원

신묘장구대다라니를 외우면 생겨나는 가피와 공덕, 기도의 방법과 주의할 점, 우룡스님이 들려주는 14편의 영험담, 대다라니의 근본경전인『무애대비심다라니경』을 수록하고 있는 이 책을 읽고 자신있게 기도하면 심중 소원의 성취와 기적같은 체험도 할 수 있습니다.

관음신앙·관음기도법 / 김현준　　　　신국판 240쪽 9,000원

관음신앙의 뿌리에서부터 관세음보살의 구원능력, 주요경전속의 관음관, 11면관음·천수관음·32응신·33관음 등 자비관음의 여러가지 모습, 일심칭명 일념염불의 관음기도법, 독경사경 기도법, 다라니 염송 기도법 등을 자세하고도 알기 쉽게 풀이하였습니다.

미타신앙·미타기도법 / 김현준　　　　신국판 160쪽 6,000원

아미타불의 참 모습에서부터 극락에서 누리는 행복, 칭명염불·오회염불·관상염불·천도염불 등의 각종 염불수행법과 함께 임종하는 이를 위한 의식과 49재 기간의 행법 등을 자세히 밝히고 있습니다. 불교신앙의 결정판으로, 꼭 1독해야 할 책입니다.

지장신앙·지장기도법 / 김현준　　　　신국판 192쪽 7,000원

지장신앙 속에는 영가천도뿐만이 아니라 현세에서의 행복과 깨달음, 성불의 비결까지 간직되어 있습니다. 이에 준하여 대원본존 지장보살의 중생을 구제, 영가천도기도법, 자녀를 위한 기도, 평온한 삶을 위한 기도, 소원 성취와 고난 극복을 위한 기도 등을 자세히 설명하고 있습니다.

불교의 자녀사랑 기도법 / 김현준　　　신국판 160쪽 6,000원

자녀들을 정말 잘 사랑할 수 있는 방법을 부처님의 가르침에 의지하여 쓴 책입니다. 자녀 교육 방법, 자녀를 위한 기도법과 함께 부모님께 효도해야 하는 까닭도 수록하였습니다.

기도성취 백팔문답 / 김현준　　　　　　신국판 240쪽 9,000원
참회·참회기도법 / 김현준　　　　　　　신국판 160쪽 6,000원
참회와 사랑의 기도법 / 김현준　　　　　신국판 192쪽 7,000원